LA RESTAURATION

DE LA LIBERTÉ.

LA RESTAURATION
DE LA LIBERTÉ,

PROFESSION DE FOI

D'UN RÉPUBLICAIN,

SUR LE RETOUR DE NAPOLÉON.

Par BIGONNET,

EX - REPRÉSENTANT DU PEUPLE, DÉPUTÉ AU
CONSEIL DES CINQ CENTS.

A PARIS,

F. BECHET, Libraire, quai des Augustins, n° 63.
CHARLES, IMPRIMEUR, RUE DAUPHINE, N°. 56.

11 Avril, 1815.

LA RESTAURATION

DE LA LIBERTÉ.

C'est pour la troisième fois que l'ascendant de NAPOLÉON BONAPARTE rend à la révolution son cours naturel, en le débarrassant des obstacles que le royalisme lui a constamment opposés jusqu'à ce jour.

Des circonstances, bien inattendues sans doute, venaient de mettre ce parti dans l'heureuse situation d'obtenir une composition honorable pour lui, de la part des hommes qui, depuis vingt-cinq ans, ont travaillé le plus utilement à l'indépendance, à la gloire et au bonheur de la patrie; mais l'impéritie et la mauvaise foi qu'il a montré, son obstination aveugle à renouveller des prétentions qui ont perdu depuis long-temps tout leur crédit sur les vulgaires esprits, ont décidé l'événement extraordinaire qui va fixer pour jamais les destinées de la France.

Son effet, de la plus heureuse conséquence, sera de faire connaître lequel devait l'emporter dans ce choc indiscret de l'ignorance contre les lumières, de vieilles et absurdes routines contre des dogmes politiques et des institutions fondées sur la justice et la saine raison, et de décider enfin si l'honneur et le courage, qui triomphent de tout, doivent succomber sous le poids de l'outrageante calomnie et de l'avilissement dont on a indignement accablé, depuis un an, tout ce que la révolution a produit de plus recommandable parmi les hommes, et de vraiment utile et grand dans les choses ; mais le comble de cette corruption et du délire de l'opinion, c'est que la même iniquité qui a poursuivi les individus, se soit étendue jusques sur les lieux, et que ceux où les déchiremens se sont fait sentir avec le plus de fureur, aient été sanctifiés, tandis que la malédiction en accable, et que le voyageur n'en parcourt encore qu'avec une ridicule ou feinte terreur, d'autres que des résolutions fortes et généreuses ont garanti des plus grands maux d'une conflagration générale.

Il va donc être, une bonne fois, reconnu, et sans qu'on ose le contester désormais, que le salut et le bonheur de la France exigeaient

que l'œuvre de sa régénération se consommât ;
et que ceux qui y ont coopéré avec le plus
d'énergie et de constance, furent les meilleurs
de ses citoyens, dont le premier de tous est
celui qu'ils en proclamèrent , sous l'auguste
titre d'Empereur , l'agent le plus essentiel, le
plus puissant protecteur, et qui s'en trouve
aujourd'hui le modérateur suprême.

Pour se bien convaincre de l'entraînement
irrésistible du principe et des forces de la révolution , il ne s'agit pas de se jeter davantage
dans le vague des discussions, ni de compulser
nos anciennes ou nos modernes annales ; il
s'agit encore moins de fouiller dans ce prodi-
gieux amas de feuilles du jour, d'écrits de circonstances et de pamphlets dictés , pour la
plupart, par l'esprit de faction ou de coterie,
et dans l'égarement des passions : c'est la série
des faits , dont l'enchaînement ne saurait se
détruire, qu'il faut consulter, en s'arrêtant,
surtout, au fait principal qui la termine, et
achève la démonstration. Ce sera encore, si l'on
veut , une impulsion donnée, à laquelle on ne
saurait assigner d'autre cause que celle commune à tout ce qui se meut dans la nature , et
que les résistances ont forcé à des déviations ,

ont fait dépasser ou rétrograder du but, auquel
une main toute puissante la ramène et l'y fixe.
C'est, en un mot, un nouvel ordre de choses
auquel *tout a concouru, tout a conspiré;* et si
le très-grand nombre y applaudit avec trans-
port, la sagesse prescrit au reste de s'y soumettre.

CEPENDANT que, durant cette crise longue et
terrible, beaucoup d'âmes généreuses se soient
embrasées ; que quelques esprits se soient
exaltés ; qu'elle ait fait naître, à côté d'actions
innombrables de courage et de vertu, des traits
d'injustice et de cruauté, de perfidie et de lâcheté,
ces derniers sont si étrangers au caractère na-
tional, que sans cesser d'en gémir, les traces
doivent en disparaître sous les trophées de
gloire et de véritable grandeur que les Français
ont eu le bonheur d'élever sur leurs propres
désastres.

C'EST donc, d'aujourd'hui, que l'on peut dire
que la révolution sort majestueuse et forte de
ce conflit trop long-temps prolongé. NAPOLÉON
s'était ressaisi des rênes, son gouvernement
va prendre une forme encore plus imposante
et plus stable, il reçoit une nouvelle vie; dé-
gagé, à l'avenir, des inquiétudes et des dangers

dont les partis qu'il ne pouvait assez recon-
naître ni comprimer assez, l'ont toujours envi-
ronné, sa marche en sera plus libre et plus facile.
Une police, toujours active, et s'exerçant sur
tous les points, des moyens coercitifs toujours
menaçans, ces deux choses également funestes,
mais qui lui furent indispensables, vont se
trouver remplacées d'une manière si favorable
par la confiance qui doit s'établir, naturelle-
ment et sans réserve, entre le peuple et le
souverain.

Qui pourrait, en effet, venir troubler cette
harmonie parfaite ? Des royalistes ! Que leur
reste-t-il à faire, si ce n'est d'éteindre pour
toujours leurs ressentimens contre-révolution-
naires dans une réunion franche au parti et au
prince de la révolution. Leur grief le plus fort,
ce reproche d'usurpation qu'ils lui ont constamment adressé, ne se trouve-t-il pas assez
complètement déversé sur celui qui naguères
s'est déclaré, sous l'escorte de 400 mille étrangers, le maître absolu de la France ? NAPOLÉON
se présensant seul, pour ainsi dire, revendi-
quant ses droits, et les recouvrant sans la plus
légère contradiction, n'a-t-il pas prouvé qu'il
est appelé à le gouverner au titre le plus res-

pectable qu'ait jamais obtenu aucun souverain
de la terre !

Sont-ce quelques républicains, restés toujours éloignés, ou même opposés à son gouvernement, qui se révolteraient de son retour
qui les sauve, encore une fois, des projets si-
nistres de leurs ennemis? Non, sans doute.
Leur passion dominante n'est-elle pas l'amour
du bien public; et lorsqu'il s'opère d'une manière tout à la fois utile et flatteuse pour eux,
pourraient-ils n'être pas satisfaits? La reconnaissance, ce sentiment dont on les accuse de
n'être pas assez pénétrés, peut-elle, en ce
moment, ne pas remplir leur âme toute entière? Ne sont-ils pas trop heureux de voir se
relever l'honneur de la révolution? Ont-ils ou-
blié le lien sacré de fraternité qui les attache
au chef du Gouvernement, et ne sont-ils pas
assurés, lorsqu'il sera absolument lui-même,
de jouir de la LIBERTÉ pour laquelle ils respi-
rent? Exige-t-on d'eux, d'ailleurs, qu'ils abju-
rent des sentimens dont la source est dans la
nature et qui sont si conformes à la justice éter-
nelle? Non, ils peuvent en faire la règle de
leur vie privée, en porter la droiture et l'aus-
térité dans leurs rapports avec la société et avec

le Gouvernement, ils peuvent même le servir,
ainsi que beaucoup en out donné l'exemple ;
parce que dans les cas mêmes, où ils ne font
que soumettre leur volonté , l'on doit compter
toujours sur leur dévouement et leur fidélité.

Mais si celui qui trace ces lignes se trouve
être l'un d'eux ; s'il est, de plus, un de ceux
qui le 19 brumaire, au conseil des cinq cents,
dont il était membre, opposèrent une résis-
tance prescrite par le devoir, et de laquelle il
s'applaudirait bien davantage si sa démarche,
en se portant au-devant du général Bonaparte,
et en le décidant à se retirer , avait dû contri-
buer à sauver des jours déjà recommandables
et devenus si précieux , et que cependant il ait
conservé le ressentiment de cette journée jusqu'au moment où les ressorts de l'intrigue et de la
perfidie ont été mis entièrement à découvert ,
jusqu'au 31 mars enfin ; il accusera franchement
que , frappé d'une suite d'événemens et de plu-
sieurs circonstances dont il avait conçu l'aveugle
espoir de voir sortir quelque chose de favorable
à la LIBERTÉ, il le fut bien plus fortement des voci-
férations de ses ennemis contre celui qui leur
avait été si redoutable en la défendant ; et il ne lui
fut pas difficile de juger que c'étaient encore les

services qu'il lui avait rendus, contre lesquels
ils étaient le plus animés. Il ajoutera : qu'aussi-
tôt, sa conscience s'éleva contre elle-même et
le rappela à cette solidarité inviolable qui doit
assurer la prospérité de l'Etat, comme elle en
fonda la force et la splendeur ; il ne vit plus,
dès-lors, dans NAPOLÉON BONAPARTE, EMPE-
REUR trahi, mais non vaincu, abandonné, ou-
tragé avec l'indécence la plus révoltante, qu'une
illustre victime dévouée aux vengeances contre-
révolutionnaires. Son génie seul l'en a sauvé ;
en se délivrant, il a délivré la France. Grâces
et honneur lui en soient rendus !

RoyALISTES, cessez donc vos intrigues, étouf-
fez vos complots ; poignard de Brutus, tombez
aux pieds de César, sorti vainqueur de toutes
les vicissitudes de la gloire, et qui vient assurer
et consoler la vôtre.... Ecoutons-le anathéma-
tiser l'absolu pouvoir, proclamer la préexis-
tence des droits du peuple, repousser comme
un crime l'idée seule de la féodalité ; enten-
dons-le consacrer la LIBERTÉ et l'EGALITÉ poli-
tique comme bases essentielles de la réforme
qu'il ne veut apporter que selon l'intérêt et la
volonté de la nation, dans les Constitutions de
l'Empire.

A ces promesses sacrées, d'après de telles garanties de la paix intérieure, et qui le sont également de celle du dehors, par le seul effet des volontés et des forces réunies au tour de lui, s'il en était encore parmi nous qui commissent l'injustice de conserver contre sa personne des préventions funestes, il ne s'en vengerait, qu'on se garde d'en douter, qu'en les soumettant à ses bienfaits.

Ce langage n'est pas assurément celui de la lâcheté ni de l'ambition ; une vie entière, exempte de ces faiblesses, doit en éloigner jusqu'au moindre soupçon. C'est encore moins de l'adulation ; car, que dire aujourd'hui, qui puisse le flatter, à celui qui a tant à se louer de lui-même ! Peut-il être sensible à une autre expression qu'à celle de nobles respects, d'une juste reconnaissance et d'un dévouement raisonné ?

Quel est donc le but de cet écrit, indifférent quant au style, mais pur et généreux d'intention ? C'est un patriotisme sincère, éclairé de quelques études et de quelqu'expérience de ce qui peut être le plus utile au bonheur du peuple ; c'est un sentiment profond de bienveillance et de conciliation qui, à toutes les époques où le parti des hommes libres a semblé obtenir des avantages, ont porté celui qui va se signer à solliciter, par des discours publics et par des exhortations particulières, un rapprochement nécessaire à tous les Français, et qui l'invitent encore aujourd'hui à publier le besoin qu'ils ont, et qui lui semble plus pressant que jamais, de se réunir dans l'absolu et entier oubli de leurs dissensions et dans l'estime commune de tous ce qui fut BIEN, en s'empressant, toutefois, de payer le tribut de leur admiration et de leur respectueuse gratitude à NAPOLÉON BONAPARTE, EMPEREUR, qui leur procure le MIEUX, LA RESTAURATION DE LA LIBERTÉ.

BIGONNET

Ex-Représentant du Peuple, député au Conseil des Cinq Cents.

De l'Impr. de CHARLES, rue Thionville, n° 36.

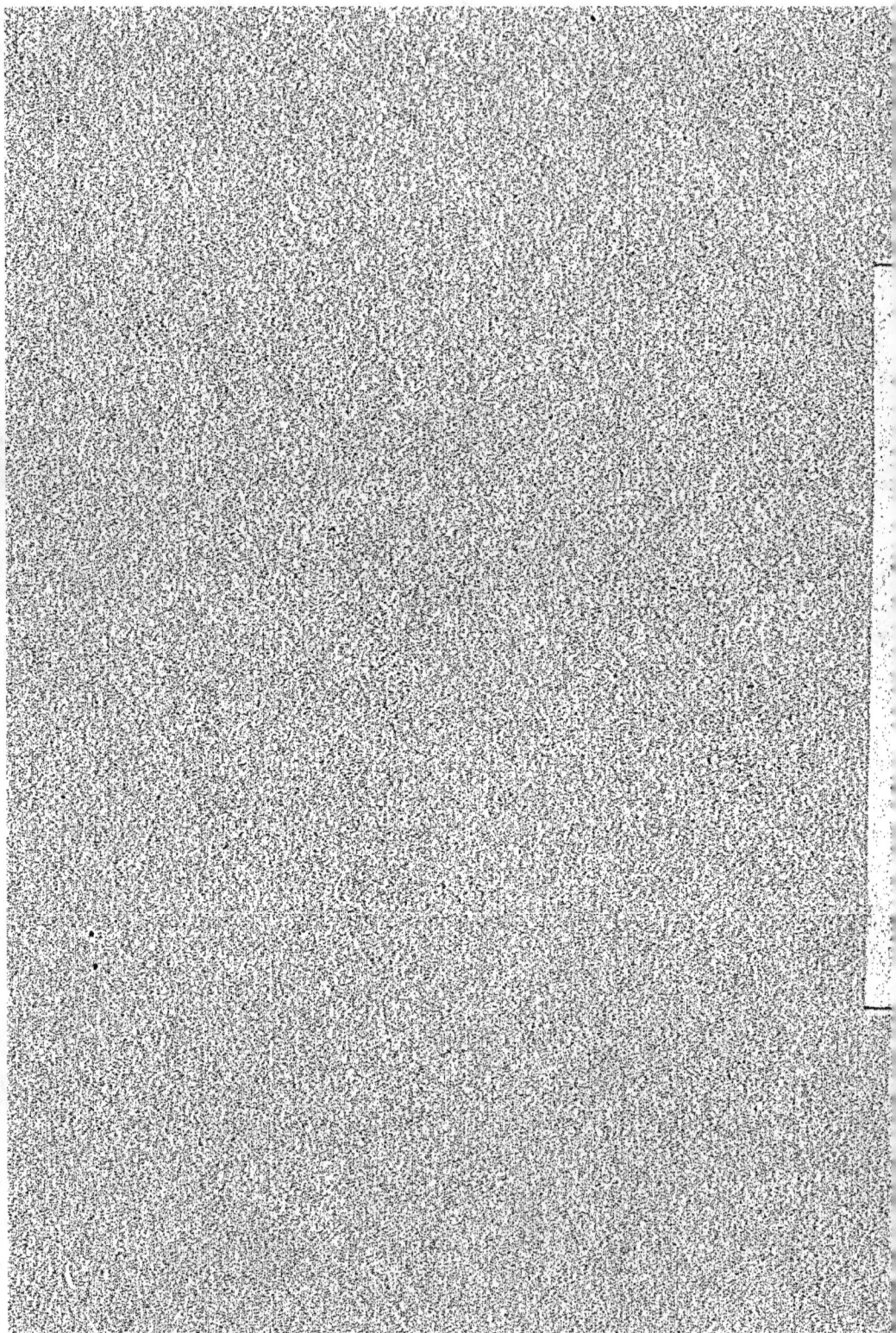

www.ingramcontent.com/pod-product-compliance
Lightning Source LLC
Chambersburg PA
CBHW072028290326
41934CB00011BA/2907